Christian August Vulpius

Hieronymus Knicker

Eine komische Operette in zwei Aufzügen. Nach Dittersdorfs Musik

neubearbeitet.

Christian August Vulpius

Hieronymus Knicker
Eine komische Operette in zwei Aufzügen. Nach Dittersdorfs Musik neubearbeitet.

ISBN/EAN: 9783337319540

Hergestellt in Europa, USA, Kanada, Australien, Japan

Cover: Foto ©Thomas Meinert / pixelio.de

Weitere Bücher finden Sie auf **www.hansebooks.com**

Hieronimus Knicker.

Eine

komische Operette in zwei Aufzügen.

Nach Dittersdorfs Musik

neubearbeitet.

Aufgeführt zum erstenmal den 24. November 1791
auf dem Hoftheater zu Weimar.

Weimar, 1793.
in der Hoffmannischen Buchhandlung.

Perſonen.

Kommerzienrath Hieronimus Knicker.

Luiſe, ſeine Nichte.
Ferdinand, ſein Neffe. } ſeine Mündel.

Karl Feldberg, Luiſens Liebhaber.

Röschen, eine Pachterstochter.

Henriette, Luiſens Kammerjungfer.

Tobias Filz, ein reicher Kaufmann; taub.

Ein Nachtwächter.

Bauern. Bediente. Träger.

Szene: Ein Dorf, in welchem Knicker ein Land-
haus beſitzt.

Erster Aufzug.

(Saal mit Seitenthüren.)

Erster Auftritt.

Luise. Henriette. Ferdinand. Karl. (ſitzen an einem mit Wein und Speiſen beſetzten Tiſche.)

Quartett.

Alle.
Alles Leid iſt nun vergeſſen,
trinken wollen wir und eſſen!
Wär' Herr Knicker jetzt zu Hauſe
würde wohl aus dieſem Schmauſe
ſchwerlich was geworden ſeyn.

Luiſe. Lieber Karl! nun ſind wir fröhlich

Karl. O bei Dir! wie bin ich ſelig!

Beide.
Welche Wonne! Welche Wonne!
Liebe haben wir und Wein.

Ferd. Auch ſoll meine Schöne leben,
auf ihr Wohl ſey dieſes Glas!

Henr. Ja ich wollte ſelbſt was geben,
wär' Ihr Liebchen bey dem Spaß.

A 3

Ferd.

Ferd. Alles, alles wollt' ich geben,
　　wär' mein Liebchen bey dem Spas.
Luise. Alles, alles würd' er geben,
Karl. Wär' sein Liebchen bey dem Spas.

Alle. {Alles Leid ist nun vergessen,
　　trinken wollen wir und essen!
　　Wär' Herr Knicker jetzt zu Hause
　　würde wohl aus diesem Schmause
　　schwerlich was geworden seyn.

　　　　　　　　　　(sie stehen auf.)

Ferd. Ich muß es gestehen, mir hat's geschmeckt.

Henr. Und wenn Ihre Schöne mitgegessen hätte —

Ferd. Dann wär's ein Göttermahl gewesen!

Henr. Natürlich!

Luise. (nimmt ein Weinglas.) Nun, was wir lieben!

Ferd. (nimmt ein Glas und stößt an.) Was wir lieben!

Karl. (nimmt ein Glas.) Vergeßt mich nicht!
(stößt an.)

　　　　　　　　　　(sie trinken.)

Henr. Das wär' gegen alle Billigkeit!

Ferd. Allerdings! — Du bist ein wahrer Amadis.

Karl. Wir wollen uns darüber keine Komplimente machen, ich denke, du hast deine Liebesfracht so gut wie ich.

Henr. Das versteht sich! und hier ist die Stapelgerechtigkeit.

　　　　　　　　　　　　　　　Ferd.

Ferd. So? Weißt du das gewiß? Wo wird denn geladen?

Luise. Gegenüber.

Henr. Bey der schönen Pachterstochter. Ich schlug heute die Karte, da lagen Sie doch auch so nahe bey Ihrer Schönen, daß nichts als die rothe Sieben Platz dazwischen hatte.

Ferd. Die verzweifelte Karte!

Henr. Die ist mein untrügliches Orakel.

Ferd. Eine Probe!

Henr. Die sollen Sie gleich haben. (Schiebt die Teller auf die Seite und breitet die Karte auf den Tisch, die sie aus der Tasche zieht, in 3 Reihen; acht Blätter auf eine Reihe.)

Ferd. Ich bin doch neugierig!

Karl. Ich nicht weniger.

Luise. Die Karte trügt nicht, sie sagt mir immer, wie Du gegen mich gesinnt bist.

Karl. (zärtlich) Wie denn?

Luise. Gut — herzlich gut, lieber Karl.

Karl. (küßt ihr die Hand) O, die allerliebste Karte!

　　　　　　(Sie treten um den Tisch.)

Henr. Sehen Sie — hier sind Sie schon wieder beisammen. Aber — Ihr Röschen bekömmt heute noch einen andern Freier.

Ferd. Wie?

Henr. (zeigt auf eine Karte) Hier liegt der Ehrenmann. — Es ist ein sehr interessirter Mensch, ein wahrer Geizhals —

Ferd. Wie mein Onkel! — Liebt mich Röschen?

Henr. Ganz entsetzlich! Sehen Sie nur! — (auf die Karte zeigend) nichts als Liebe. Aber Sie — hören Sie! Sie sind auch zum Weinen verliebt. — (zu Luisen) Mademoiselle, Sie bekommen auch einen Freier.

Karl. Mich.

Henr. Nein! Sie liegen hier. — Die Mademoiselle bekömmt einen sehr reichen Bräutigam, und der erhält von ihr —

Karl. Ihre Hand?

Henr. Nein! so geschwind geht's nicht! Ein allerliebstes Körbchen bekömmt er. — Es werden viele wichtige Dinge vorgehen. Aerger — Zank — Geldaffairen — Verdruß — Heirathsprojekte — und — hier ist doch die Karte ganz erschrecklich dunkel. — — Ich glaube gar — ja! wahrhaftig, ich selbst komme auch mit ins Spiel. — Ich — — ja, und — hahaha! ich bekomme einen Mann. — Wenn's nun etwa gar Ihr Herr Onkel wär'?

Ferd. Das wär' sonderbar genug!

Henr. Ja, ja! es ist eben der, der um Ihr Röschen freit.

Ferd. Was willst du denn aber mit dem alten Geizhals machen?

Henr. Fragen Sie ihn erst, was er mit mir machen will. Die Augen werden ihm übergehen,

wenn

wenn er Ernſt macht. Denn wenn ich mich ent-
ſchließen ſoll, dieſen Schritt zu thun, ſo hat's
gewiß ſeine gegründeten Urſachen. Außerdem
iſt mir meine Freiheit zu lieb, als daß ich ſie
an einen ſolchen Mann verhandeln ſollte. Man
hat oft ohnehin Urſach genug, die überlegteſte
Entſchließung zu bereuen, geſchweige denn, wenn
ſie ſo mal à propos kömmt.

Karl. Was ſagſt Du dazu?

Luiſe. Vor der Hand noch nichts.

Karl. Liebſtes, theuerſtes Mädchen, nie ſoll
es Dir gereuen, mir Dein Herz geſchenkt zu haben. Ich trotze allen Verhältniſſen, allen Wi-
derwärtigkeiten. Die Liebe macht mich kühn und
unternehmend. Wie es auch kommen mag, ich
bin Dein auf ewig! (ſingt)

> Setzt der Himmel Sturm und Regen,
> Blitz und Donner mir entgegen,
> Ha! ich lächle der Gefahr!
> Friſch gewagt und nicht beſonnen,
> Friſch gewagt iſt halb gewonnen,
> Gebet acht! ich rede wahr.
>
> (ab.)

Henr. (ſchiebt indeſſen die Karten zuſammen, räumt die
Teller und Gläſer vom Tiſche und trägt ſie ab.)

Zweiter Auftritt.

Luise. Henriette. Ferdinand.

Luise. (sieht ihm gedankenvoll nach) Ach! Karl!

Henr. Er verdient's, daß Sie ihn glücklich machen! Ein rechter ehrlicher Schlag von einem Liebhaber! — Heutiges Tages sind Münzen von diesem Gepräge rar.

Ferd. Aber —

Henr. Nun ja doch! Sie ausgenommen, das versteht sich ohnehin. — Aber, wenn man's so recht bedenkt, Ihre Lage ist kritisch. Herr Feldberg kann der getreueste, rechtschaffenste, zärtlichste Liebhaber auf Gottes Erdboden seyn, darnach fragt der Herr Kommerzienrath aber nicht, der fragt: hast du Geld? und wer das nicht hat, der ist in seinen Augen keine taube Nuß werth.

Ferd. Wenn Feldberg kein Vermögen hat —

Henr. So hat die Mademoiselle destomehr, wollen Sie sagen, und da haben Sie recht, aber Ihr Herr Vormund —

Luise. (sieht am Fenster und sieht Karln nach) Da kömmt der Onkel!

Henr. Da haben wirs! — Man darf einen solchen Herrn nicht an die Wand malen — Geschwind! alles auf die Seite geräumt.

(Sie tragen den Tisch und die Stühle auf die Seite.)

Ferd. Nur hurtig!

Henr. Es ist doch abscheulich! — Der Alte
ist blos auf der Welt, daß wir uns über ihn är.
gern sollen. Es ist ein rechtes Elend mit solchen
alten Unholden, sie verderben der Jugend allen
Spas. (nimmt das Tischtuch und geht ab.)

Dritter Auftritt.

Luise. Ferdinand. Knicker.

Knicker. He! Henriette! — Das Mädchen
hört und sieht nicht. Was trug sie fort?

Luise. Nichts — ein Tischtuch, lieber Onkel.

Knicker. Und das ist Nichts? Was macht
sie denn mit dem Tischtuche? Ihr habt doch nicht
etwa gar geschmanst?

Luise. Kartoffeln gewiß?

Knicker. Nicht so naseweis! — Wozu habt
ihr das Tischtuch gebraucht? Das muß ich wissen.

Luise. Ich — habe Manschetten gebügelt.

Knicker. Das ist unnöthig! Das Bügeln ver.
dirbt die Wäsche, und es wird dabey eine Men.
ge Holz ganz ohne Nutzen verbraucht. Das
Holz ist theuer, und wenn wir nicht rathsamer
damit umgehen wollen: so müssen unsre Nach.
kommen erfrieren. Aber ihr versteht keine Forst.
ökonomie, und verbrennt drauf los, als wenn
das Holz nur so wie die Schwämme aufwuchs.
— Ueberhaupt muß sich viel ändern. Von euch
habe

habe ich keinen Nutzen, ihr müßt beide aus dem Hause.

Ferd. Wir?

Knicker. Ihr.

Luise. Aber, lieber Onkel — warum denn?

Knicker. Weil ich euch versorgen will. Du sollst heirathen. Ich habe einen Mann für dich gefunden, der deiner werth ist. Und dich — will ich in den Krieg schicken.

Ferd. Mich?

Knicker. Dich. — Ich sorge für eine Fahne für dich, und damit du standesmäßig leben kannst, werde ich dir monatlich 4 Groschen und 6 Pfennige Zulage geben.

Ferd. Da werde ich eine rechte Figur machen!

Knicker. Das versteht sich.

Ferd. Allerliebst ausgesonnen! 4 Groschen 6 Pfennige? Ein schönes Geld! — Eine Fahne? Ich nehme sie an.

Ich bin es zufrieden,
Ich ziehe ins Feld.
Wir sind nun geschieden!
Ich werde ein Held.
O welches Vergnügen!
ich sehe mein Glück,
und kehre von Siegen
berühmt einst zurück.
Schon wehet meine Fahne!
wir kommen und wir stehn.
Ich sehe schon die Feinde
sich schwenken und sich drehn.

Nur muthig ins Gedränge! —
es kömmt zum Handgemenge.
Sie fallen wo wir fechten
zur Linken und zur Rechten;
es sinken ganze Glieder,
wie Halme vor uns nieder. —
Schon weicht der Feind, er eilt davon,
Wir setzen nach, er fleht: Pardon!
Nein! kein Pardon!
Da fliegt ein Kopf, dort eine Hand,
wie abgemäht, auf blut'gen Sand.
Es rast das Schwert, es rast der Tod.
Das Schlachtfeld ist vom Blute roth,
und siegreich ruft dann jeder Held:
Viktoria! Viktoria!

        (nach einer Pause)

Nein, nein ich ziehe nicht ins Feld,
ich bleibe lieber da.

                     (ab.)

Vierter Auftritt.

Luise. Knicker.

Knicker. Das hilft alles nichts, du mußt Soldat werden, und du, Luise, bist, wie gesagt, Braut.

Luise. Sonderbar!

Knicker. Sonderbar? bist du klug? Du bist ein Mädchen, aus Mädchen werden Weiber, und je eher, je lieber. In einigen Tagen bist du Frau.

                          Luise.

Luise. In einigen Tagen?— Und mein Bräutigam?

Knicker. Ist ein artiger, braver, rechtschaffener, kluger, ansehnlicher, sittsamer, ordentlicher, stiller, friedsamer, scharmanter Mann. Ein Mann in seinen besten Jahren.

Luise. In den zwanzigen?

Knicker. Ich dachte gar! das sind die schlimmsten, aber nicht die besten Jahre.

Luise. Ich bin aber sehr für diese schlimmen Jahre.

Knicker. Weil du nicht weißt, was dir gut und nützlich ist! Ihr Mädchen seht immer nur auf die Außenseite. Ich sage dir, dein Bräutigam hat Qualitäten und Quantitäten, und nimmt dich ohne Aussteuer.

Luise. Aha! darum ist er Ihr Mann, aber deswegen immer noch nicht der meinige. Ein Mädchen muß sich gar sehr vorsehen, wenn von Heirathen die Rede ist. Einen Mann zu lieben—

Knicker. Das ist nicht nöthig, und heutiges Tages oft ganz entbehrlich. Heirathe du nur, das andere giebt sich dann im Ehestande von selbst.

Luise. Es scheint, der Herr Bräutigam hat mehr Eindruck auf Sie gemacht, als er wahrscheinlich auf mich machen wird. Wie alt ist er denn?

Knicker.

Knicker. Wie gesagt, ein Mann in seinen besten Jahren. Ein Sechsziger.

Luise. Da sollte er sich wahrhaftig eher mit dem Todtengräber, als mit einer Braut bekannt machen. Wer ist er? Wie heißt er?

Knicker. Angesehener Kauf- und Handelsmann in der Residenz. Er heißt Herr Tobias Filz.

Luise. Ein ominöser Name!

Knicker. Ich sage dir, es ist ein sehr reeller Mann, ein Mann, voller Vollkommenheiten, einen einzigen kleinen Naturfehler abgerechnet. Er hört etwas schwer.

Luise. (ironisch) Das will nicht viel sagen; aber besser wär' es, wenn er nicht säh'.

Knicker. Es dahin zu bringen, ist deine Sorge. — Nun also, was sagst du dazu?

Luise. Ich sage, daß ich diesen artigen, braven, rechtschaffenen, klugen, ansehnlichen, sittsamen, ordentlichen, scharmanten Mann, diesen Mann, der in seinen besten Jahren ist, der nur einen einzigen kleinen Naturfehler hat, der Herr Tobias Filz heißt, und angesehener Kauf- und Handelsmann in der Residenz ist — nicht heirathen werde.

Duett.

Knicker. Wie?
Luise. Ich sag es frey und offen,

Knicker.

Knicker. Was?

Luise. Herr Filz hat nichts zu hoffen.

Knicker. Hört doch, was das Mädchen spricht!

Luise. Kurz und gut! ich thu es nicht!

Knicker. Kurz, Du wirst Dich schon bequemen,
einen Bräutigam zu nehmen,
so wie ich ihn haben will.

Luise. Nimmer können Sie befehlen,
einen alten Mann zu wählen,
wie ich ihn nicht haben will.

Knicker. Ich, sage ja!

Luise. Ich sage nein!

Beide. $\left\{\begin{array}{l}\text{Laß }\binom{ihn}{sie}\text{ reden, laß }\binom{ihn}{sie}\text{ schelten,}\\ \text{meine Worte müssen gelten,}\\ \text{wie ich will, so muß es seyn!}\end{array}\right.$

Luise. Gewiß nicht! — Sie sind mein Vormund; aber nicht mein Tyrann. Und sollte ich
mich dem Fürsten selbst zu Füßen werfen und
um Gerechtigkeit gegen Sie flehen, ich lasse mich
zu dieser Heirath nicht zwingen.

Knicker. Du kannst nichts gegen die Heirath
einwenden.

Luise. Mehr als zu viel!

Knicker. Dein Bräutigam ist reich —

Luise. Ich habe selbst Geld genug.

Knicker. Er hat Verstand —

Luise. Mein Herz fordert Liebe.

Knicker. Er wird dich gewiß auch lieben.

Luise. Aber ich ihn nicht.

Knicker. Das wird er sich auch gefallen lassen.

Luise.

Luise. Aber ich mir nicht.

Knicker. Er hat Talente —

Luise. Er ist taub!

Knicker. Du wollteſt ja, daß er blind wäre.

Luiſe. Gegen mich und meine Reize.

Knicker. Du haſt ja gar keine Reize.

Luiſe. Sie ſind mein Spiegel nicht.

Knicker. Ein anderer nimmt dich blos deines Geldes wegen.

Luiſe. Darauf will ich's wagen.

Knicker. Du wirſt unglücklich.

Luiſe. Sie ſind außer Schuld.

Knicker. Du wirſt machen, daß ich vor Betrübniß über dein Unglück in die Grube fahre. Und jetzt — käm' mir das ganz ungelegen. — Wenn man auf Freiersfüßen geht —

Luiſe. Sie? — Sie gehen auf Freiersfüßen? Seit wenn denn?

Knicker. Seit kurzem.

Luiſe. Und Sie wollen heirathen?

Knicker. Ich will heirathen.

Luiſe. Doch wohl nicht unſere Frau Nachbarin in der Stadt, die alte, reiche Commiſſionsräthin?

Knicker. Ach, ich dachte gar! — Ich werde wohl ein ſolches altes Weib nehmen!

Luiſe. Sie ſind ja ſelbſt nicht jünger.

          B   Knicker.

Knicker. Eben deswegen will ich mir ein jun-
ges, artiges, achtzehn- bis zwanzigjähriges Weib-
chen aussuchen.

Luise. Ach, Sie armer Herr Onkel! Sechs-
zig und Zwanzig, Frühling und Winter — das
schickt und reimt sich nicht.

Knicker. Es braucht sich auch nicht zu reimen,
wenn mirs nur so gefällt.

Luise. Herr Onkel! Herr Onkel! bedenken
Sie, was Sie thun? Eine solche Mariage fällt
selten gut aus.

> Ja Sie werden schon erfahren
> wenn Sie nicht in Ihren Jahren
> eine Gleiche sich gewählt.
> Und ich werde mich bedenken,
> meine Hand so zu verschenken.
> Einem Alten mich verbinden,
> nein, es muß sich besser finden.
> Ja, mein Herz hat schon gewählt.
> Gleich und gleich nur kann sich freuen
> jung der Mann und jung das Weib;
> auf das Leben Rosen streuen,
> das ist wahrer Zeitvertreib.
> Ich bin jung, noch kann ich hoffen,
> (ja, es steht die Welt mir offen!)
> Liebe, Lust und Zeitvertreib.

(geht ab.)

Fünf-

Fünfter Auftritt.

Knicker.

Das hat sie alles nur aus Büchern; in der wirklichen Welt gehts ganz anders zu. Und überdies werd' ich meine Frau schon so zu halten wissen, daß sie gewiß eher als ich sich zu tod grämen soll. Es kömmt alles darauf an, wie ein vernünftiger Mann so etwas anfängt. Was kann ich davor, daß mir das Heirathen erst so spät einfällt. Und eine Alte zu nehmen —? Nein! meine Sinnbilder sind Rosen, und meine Losung ist: Röschen!

(ab.)

Sechster Auftritt.

Ein freyer Dorfplatz. Auf einer Seite Knickers Haus, auf der andern Röschens Wohnung.

Röschen.

Liebe fragt nach keinem Stande,
sanft regiert sie auf dem Lande
und entzücket hier die Herzen,
eben so wie in der Stadt.

Liebe ließ in diesen Gründen
einen schönen Freund mich finden,
der in meinem jungen Herzen
nun das beste Plätzchen hat.

Siebenter Auftritt.

Röschen. Ferdinand.

Ferd. Liebstes, theuerstes Röschen! endlich
find' ich Dich. Allenthalben habe ich Dich verge-
bens gesucht. Zuletzt schlich ich unter die Linde,
in die ich gestern unsern Namen eingrub, küßte
das liebe R — und nun —

Röschen. Und nun?

Ferd. (küßt sie) Küsse ich Dich selbst.

Röschen. Und das ist Ihnen doch wohl lieber, als wenn Sie nur das R hätten küssen
können?

Ferd. Ach! liebes gutes Mädchen! wenn Du
wüßtest, was mir ein Kuß von Deinen Lippen,
was mir ein Blick von Dir, ein Druck von
Deiner Hand — was das alles mir ist! Du
würdest mich selbst beneiden.

Rösch. (lächelnd) Ach nein! (naiv) aber mich
vielleicht. — Diese Nacht ist mir aber etwas
eingefallen, das mich sehr unruhig macht.

Ferd. Und das ist?

Rösch. Wenn Sie nun in die Stadt zurück-
kehren, und Sie sehen eine schöne Mamsell, die
Ihnen besser gefällt, als Röse? Wie wird's denn
da werden? — Ich werde mich sehr grämen, und
vielleicht (weinerlich) gar sterben.

Ferd.

Ferd. Leben mußt Du, um mich glücklich zu machen.

Rösch. Ja, aber —

Ferd. Sey ruhig und befürchte nichts. Ehe wir das Land verlassen, haben wir schon vor dem Altare gestanden, und sind Mann und Frau.

Rösch. Ach! darauf freue ich mich recht! Und wenn wir Mann und Frau sind, ach! da wollen wir uns ganz erschrecklich lieb haben, da wollen wir —

Ferd. O weh! mein Onkel! — Ich sehe Dich bald wieder.

(ab.)

Rösch. Das ist doch recht fatal, daß man sich ungestört nicht einmal ordentlich freuen kann, und ich hätte mich jetzt gern recht herzlich gefreut. (will in ihr Haus.)

Achter Auftritt.

Röschen. Knicker.

Knicker. Bst! bst! Röschen! Röschen! —

Röschen. (kehrt um) Guten Tag!

Knick. Gleichfalls! — Höre mein Kind, komm doch ein wenig näher, ich habe eine wichtige Neuigkeit für dich mitgebracht. — Aber vor allen Dingen sag' mir doch einmal, so ungefähr, wie steht's denn mit deinem Vermögen?

Rösch. Gut.

B 3   Knick.

Knick. Wie hoch ist dein Freigut taxirt worden?

Rösch. Drey tausend Thaler.

Knick. So! — Und nicht wahr, die Rasenmüllerinn, deine Muhme, beerbst du auch?

Rösch. Ja! — Ihr Gut ist immer vier tausend Thaler werth.

Knick. 3 und 4 — das wären 7000 Thaler, zu 5 pro Cent gerechnet, — 1 — 2 — 3 — 350 Rthlr. Geht an.

Rösch. Und die Neuigkeit?

Knick. Siehst du — du bist in den Jahren, wo man sonst gemeiniglich mancher Verführung ausgesetzt ist, wenn man nicht — (sieht sich um. Vor sich) Verflucht! da schleicht mein Neffe herum. Es ist doch ein wahrer Jammer, daß heutiges Tages die Jugend so wenig Respekt für dem Alter hat. — (laut) Weißt du was, — wir wollen — wir werden bald weiter davon mit einander sprechen.

(ab.)

Rösch. Daraus werde ich nicht klug! — Sollte er wohl wegen seinen Neffen —

Neunter Auftritt.

Röschen. Ferdinand. (hernach) Knicker.

Ferd. Was wollte mein Onkel?

Rösch. Er hat sich nicht deutlich erklärt.

Ferd.

Ferd. Was er Dir auch sagt, glaub' nichts davon. Alles was er thut, geschieht aus Interesse. Er ist der niedrigste Geizhals, den Du Dir denken kannst.

Duett.

Mein Onkel ist ein halber Narr,
steckt voller List und voll Betrug,
betrügt die Mündel offenbar,
hat niemals Gold noch Geld genug.
　　Wie kann er sich verstellen
　　die Leute brav zu prellen.
　　Doch jetzt betrügt er sich;
　　denn ich besitze Dich.

Knicker. (ist herbey geschlichen und faßt Ferdinanden bey den Ohren, indem er parodirend singt:)

Mein Onkel ist ein halber Narr
betrügt die Mündel offenbar;
Wie kann er sich verstellen,
die Leute brav zu prellen!

Beide. { Verwegner! pack dich fort,
　　　　und meide diesen Ort!
　　　　Herr Onkel ich bin fort,
　　　　ich meide diesen Ort,

　　　　　　　　　　　　　(ab.)

Zehnter Auftritt.

Knicker. Röschen.

Knicker. Ein sauberer Zeisig! macht seinen guten, braven, ehrliebenden Onkel verdächtig,

　　　　　　B 4　　　　　der

der das Herz aus dem Leibe mit ihm theilte,
wenn es möglich wäre. Trau dem Bösewicht
nicht, Röschen, Ferdinand ist ein Verläumder,
ein Lügner, ein Taugenichts, ein Verschwender,
und es wär' schade, wenn du etwa gar von ihm
angeführet werden solltest. Nicht wahr, er hat
dir von Liebe vorgeschwatzt?

Rösch. O ja! er liebt mich recht sehr.

Knick. Glaub's nicht! er weiß gar nicht was
Liebe ist; so etwas zu wissen, muß man ein ge-
setzter, ein bedächtlicher Mann, ein Mann in
meinem Alter seyn.

Rösch. Ich liebe ihn aber recht sehr —

Knick. Das taugt nichts, Kind! Wenn du
ja lieben willst, so liebe lieber den Onkel, das
bringt dir mehr Ehre.

Rösch. Wir wollen uns heirothen.

Knick. Er darf noch gar nicht heirathen. Heirathe du mich.

Rösch. Sie? — Nein! dazu hätte ich keine
Lust.

Knick. Scherz bey Seite!

Rösch. (treuherzig) Es ist wahrhaftig mein
Ernst.

Knick. Nichts! nichts! — Ich gebe dir zwey
Tage Bedenkzeit. Sey klug und vernünftig, und
laß dich nicht von dem Aeußerlichen blenden, das
verschwindet schnell, aber was ächt und gut ist,
das

das hat Konsistenz. Wenn ich an deiner Stelle
wäre, der Onkel wäre mir zehnmal lieber, als
der Neffe.

Rösch. Mir nicht!

Knicker.

Mein Liebchen laß Dir sagen,
ich meyn' es gut mit Dir,
Bedenkzeit von zwey Tagen,
die hast Du nun von mir.

Mein Mündel ist ein Sausewind,
kann sich nicht gouverniren.
und würde Dich, mein liebes Kind,
gewiß zuletzt verführen.

Des Geldes Werth versteht er nicht,
und lebt nur stets in Freuden;
er kennt nicht Treu' und Garten Pflicht,
und wird Dein Geld vergeuden.

Hat er nun alles durchgebracht,
geht er allein davon,
und Thränen sind bey Tag und Nacht
dann Deiner Treue Lohn.

Ich aber bin ein kluger Mann,
noch in den besten Jahren,
und habe so auch dann und wann
wohl mancherlei erfahren.

Dein Capital in meiner Hand,
soll jährlich sich vermehren.
Viel Freuden wird der Ehestand
Dir liebes Kind gewähren.

B 5 Bedenk-

Bedenke Dich und sieh Dich vor,
sey klug und wähle mich,
mein Neffe bleibt ein junger Thor,
ein kluger Mann bin ich!

(ab.)

Röschen. Ja ich kann dir nicht helfen, und
wenn du noch so klug bist, dein Neffe gefällt mir
doch besser. Und wenn du mir zwey Jahre Bedenkzeit gäbst, es würde doch nichts daraus, und
mit Ferdinanden wär' ich in zwey Minuten in
Richtigkeit. Die alten Leute sollten sich nur
nicht einbilden, daß jedermann durch ihre Brille
sehen müßte, wir haben, dem Himmel sey Dank!
auch Augen.

Eilfter Auftritt.

Röschen. Tobias Filz. Zwey Träger.
(mit Felleisen und Koffer.)

Filz. Nur mir nach! — Ah! sieh da! —
das ist wohl gar das Frauenzimmerchen, das ich
suche. Nicht wahr?

Rösch. Sagen Sie mir erst, nach wem Sie
fragen.

Filz. Was sie da tragen? Mein Felleisen und
meinen Koffer.

Rösch. Sie haben mich nicht verstanden.

Filz. Ja, glücklich überstanden, wie Sie sehen. Der Weg ist gut.

Rösch.

Rösch. Und du bist taub, oder ich bin's! —
Wo wollen Sie denn hin?

Filz. Wer ich bin? der Kaufmann Filz, mein
Engelchen.

Rösch. Sie sind taub!

Filz. Taub sind Sie? — das bedaure ich. —
Manchmal höre ich auch ein bischen schwer, es
ist aber nur ein Fluß.

Rösch. So!

Filz. Wo? (an die Ohren zeigend) Hier. — Apropos! Wie heißen Sie denn?

Rösch. Rose!

Filz. Moses? Ach ich dachte gar

Rösch. (schreiend) Rose!

Filz. So! so! — Da sind Sie meine Braut
nicht, die ist die Nichte des Herrn Kommerzien-
raths und heißt Luise. Kennen Sie sie?

Rösch. (nickt mit dem Kopfe.)

Filz. Wo wohnt sie denn?

Rösch. (zeigt auf Knickers Haus.)

Filz. Nun! nun! Sie brauchen nicht zu sehr
zu schreien, so ganz schlecht höre ich doch nicht.

Rösch. Ey! ist das ein liebenswürdiger Bräutigam!

Zwölfter Auftritt.

Vorige. Luise. Henriette. (kommen aus dem Hause und gehen nach dem Hintergrunde des Theaters.)

Röschen. Mademoiselle! Mademoiselle!

Henr. Röschen?

Rösch. Sehen Sie, Mademoiselle! da steht Ihr Bräutigam, Herr Filz.

Henr. (schlägt die Hände über den Kopf zusammen) Ach! du liebenswürdiger Mensch!

Luise. Ich bin des Todes!

Henr. Eine scharmante Figur in's Korn, ein herrliches Schrecken aller Vögel!

Röschen.

(zu Luisen) Gegen diesen wackern Herren
        wär' es Sünde sich zu sperren,
        o! wie reitzend steht er da!

(zu Filz) Sie Herr Filz sind zu beneiden,
        Ihnen sind die schönsten Freuden
        der gekrönten Liebe nah.

(zu Beiden) Doch was sieh' ich da und schwatze!
        Nun ich lasse Sie allein.

(vor sich) Möcht' ich doch um alle Schätze
        nicht des Narren Liebste seyn!

(ab.)

Drey

Drenzehnter Auftritt.

Filz. Luise. Henriette.

Filz. Ich merke wohl, daß Sie meine Braut sind, deshalb bin ich nun gar sehr erfreut, das Glück zu genießen, Sie zu sehen.

Luise. Sparen Sie Ihre Komplimente.

Filz. Danke der gütigen Nachfrage. Gott sey Dank! ganz wohl. Nur der Fluß vor den Ohren inkommodirt mich zuweilen ein wenig.

Luise. Mit oder ohne Fluß können Sie gehen, wie Sie gekommen sind.

Filz. Der Wind? ja! er hat meiner Perücke stark zugesetzt.

Luise. Henriette, du wirst wohl dem Herrn meine Meinung sagen müssen. (ab.)

Filz. (zu den Trägern) Nun! hört ihr denn nicht! Die Mamsell befiehlt, ihr sollt die Sachen ins Haus tragen. Ihr müßt taub seyn, wenn ihr das nicht gehört habt.

(Träger gehen ins Haus.)

Vierzehnter Auftritt.

Filz. Henriette.

Henr. Sind Sie verliebt?

Filz. Ja, das habe ich gleich gemerkt, daß Sie in mich verliebt ist. Ja, ja!

Henr.

Henr. (schreiend) Wollen Sie heirathen?

Filz. O ja!

Henr. (schreiend) Es wird aber nichts daraus werden.

Filz. Ach ja!

Henr. (schreiend) Ach nein.

Filz. Will mich denn die Mamsell nicht haben?

Henr. (schreiend) Nichts für Sie! Da müßten Sie ein ganz anderer Mann seyn! (singt)

Mamsell läßt Ihnen sagen:
Sie möchten es nicht wagen,
und länger um sie frei'n,
sonst würd's Ihr Unglück seyn.
Sie läßt für die Gedanken,
die Liebe, die Sie hegen,
sich allerschönst bedanken,
und nichts wird sie bewegen.
Sie können wieder gehn.
Uns reizen nicht die Falten,
die Taubheit eines Alten,
wir können unterscheiden,
und wissen, was wir wählen,
es darf uns nicht an Freuden
bey einem Manne fehlen,
der unsre Hand begehrt.

Sie werdens, hoff ich, fassen,
und uns in Ruhe lassen!
das nicht fassen
uns nicht lassen:
wär' der größten Rache werth!

(ab.)

Funfzehnter Auftritt.

Filz.

Daß dich! das Maul geht wie ein Uhrwerk. Die stirbt nicht am Herzdrücken. — Ich weiß aber nun doch nicht recht, was sie wollte. Wenn ich nur meinen Trichter nicht in den Koffer gepackt hätte. Just muß ich eben heute ungemein schwach hören. — Aber so ganz und gar taub bin ich doch nicht. Es gibt wohl Leute in der Welt, die weit weniger als ich, hören.

Ich hör' pen Donner brummen,
Ich hör' die Glocken summen,
Ich höre den Kanonenknall,
auch hör' ich den Trompetenschall.
Ich höre wie ein Ochse brüllt,
und höre wenn man Orgel spielt.
Ich höre wohl den Trommelklang
und auch der Nonnen Chorgesang.
Und wenn ich in die Oper geh,
und nah bei dem Orchester steh
hör' ich die Bässe knurren,
hör' ich die Pauken schnurren;
ich hör' die Geigen quitschern,
ich höre Flöten zwitschern.
Nur was der Sänger schlecht ausspricht,
ja freilich das vernehm' ich nicht.

(ab, in Knickers Haus.)

Sechs=

Sechszehnter Auftritt.

(Zimmer wie im Ersten Auftritt. — Abend)

Luise. (mit einem Lichte.) Karl. (einen Mantel um, einen runden Hut in der Hand.)

Karl. Rede! — Was iſt Dir?

Luiſe. Ich bin verloren!

Karl. Verloren?

Luiſe. Wir beide ſind unglücklich!

Karl. Ich habe keinen Sinn für dieſes Wort, wenn ich bey Dir bin. Wo Dein Auge lacht, da iſt immer heiterer Himmel für Deinen Karl, da iſt meine Sonne, mein Glück, mein Alles, und Du ſprichſt von Unglück?

Luiſe. Kannſt Du ruhig ſeyn, wenn man mich Dir zu entreißen droht?

Karl. Und das ſollte geſchehen?

Luiſe. Mein Onkel will mich zu einer Heirath zwingen, und morgen ſoll ich nicht mehr die Deinige ſeyn.

Karl. Das biſt Du auf ewig.

Luiſe. Der Bräutigam iſt ſchon hier, das Unglück iſt uns ſo nah.

Karl. Näher ſind Dir Dein Karl und ſeine Liebe. Ewige Treue ſchwur mir Dein Mund — nichts kann uns trennen, als der Tod. Biſt Du ſtandhaft?

Luiſe.

Luise. Meine Liebe ist nicht das Werk meiner Laune.

Karl. So troß' ich muthig allen Ereignissen. Du liebst mich?

Luise. (zärtlich drohend) Karl! Karl!

Karl. So hast Du auch Muth mit mir zu entfliehen?

Luise. Zu fliehen?

Karl. Bedenklichkeiten? — Luise! Seele meiner Seele! Leben meines Lebens! gegen Deinen Karl mißtrauisch? Kannst Du das?

Luise. (eilt in seine Arme) Nein! — — Karl! — ja! — wir fliehen.

Karl. (legt Mantel und Hut ab) In diesem Mantel gehüllt erwarte ich Dich bey der Eiche. Ein dreyfaches Signal mit einem Pfeifchen ruft Dich zu Deinem harrenden Karl, der Dich zu einer Postchaise führt, und dann wird uns die Liebe schon einen sichern Zufluchtsort zeigen. Sind wir durch die Banden der Ehe vereinigt, so wird der Herr Vormund sehen, daß seine Macht nicht hinreicht, liebende Herzen zu trennen. — Leb' wohl, Luise! ich erwarte Dich). Glück ist die Begleiterin treuer Liebe, und wo wir sind, ist unser Himmel.   (ab)

Luise. (versteckt Mantel und Hut) O Karl! Karl! was wagte ich nicht mit Dir, was thät' ich nicht für Dich und unsere Liebe!

C   Sieben-

Siebenzehnter Auftritt.

Luise. Ferdinand. (mit einem Lichte.)

Ferd. (Gedankenvoll, setzt das Licht auf den Tisch) Ja, es ist beschlossen! Mein Leben kann ich verlieren, aber nimmer meiner Liebe entsagen.

Luise. Bruder! was ist Dir?

Ferd. Unser Herr Vormund ist mein Nebenbuhler.

Luise. Sonderbar!

Ferd. Nichts als: sonderbar? Es ist zum Rasendwerden! — Aber ich habe einen Entschluß gefaßt, der dem Herrn Onkel gewiß nicht sonderlich behagen wird.

Luise. Auch ich bin entschlossen, mich nicht länger tirannisiren zu lassen. Ehe es Morgen wird, wirst Du Wunderdinge hören!

Ferd. Jetzt zu Röschen! — und dann — Herr Onkel machen Sie klügere Spekulationen und sehen Sie sich nach einer Braut um, die nicht ihren Neffen liebt. — Ueberhaupt bin ich gar nicht gesonnen, mich länger als ein Kind behandeln zu lassen, da der Zeitpunkt so nahe ist, der mich für majorenn erklärt. Der Herr Onkel mag mich ja nicht auf das Aeußerste treiben!

Achtzehnter Auftritt.

Knicker. Vorige.

Finale.

Knick. Wozu müssen zwey Lichter hier brennen?
Könnt Ihr euch nicht bey Einem erkennen?
Ist es denn Euer Trachten und Dichten,
mich noch völlig zu Grunde zu richten?
(*löscht ein Licht aus.*)
Aber gut! denn schon Morgen ist's aus,
und Ihr beide seyd nicht mehr im Haus.
Nun! was steht Ihr so stumm da wie Säulen?
daß man rede, das bin ich doch werth!

Ferd. u. Luise. O! was sollen wir sagen? Sie haben
unsern Willen noch niemals begehrt!

Knick. Du Luise, Du mußt Dich bequemen,
Deinen Bräutigam morgen zu nehmen,
ich befehl' es, man sage nicht: nein.
Und Dich, Ferdinand, schick' ich nach Polen,
Dir den Lorbeer der Ehre zu holen;
Röschen aber gehört mir allein.
Doch noch eins! weil wir Morgen traktiren,
so ist heut' nicht gut zu soupiren,
daß es morgen vortrefflicher schmeckt,
wird für heute kein Tisch mehr gedeckt.

Ferd. u. Luise. Lieber Onkel! nichts hab' ich dage-
gen,
ruhig werd' ich zu Bette mich legen,
und so wünsch' ich geruhige Nacht!

Knick. Ja, dies Fasten, es wird Euch behagen:
denn es reinigt und stärket den Magen,
und ich wünsche geruhige Nacht!
(*Ferdinand u. Luise ab.*)

Knicker. (nach einer Pause.)

Ja, das wirken Erziehung und Strafen,
ohne Essen und Trinken zu schlafen,
o wie herrlich gezogen sie sind! —
Und Herr Filz ist müde von Reisen,
denket weder an Trinken noch Speisen,
liegt im Bette und schläft wie ein Kind.
O ihr glücklichen nächtlichen Stunden!
bald ist Röschen, mein Röschen! gefunden,
dann ist Grämen und Sorgen zu Ende,
und wir geben einander die Hände.
Alles schläft, nun geschwind, nur geschwind!
(löscht das Licht aus und geht ab.)

Neunzehnter Auftritt.

Voriger Platz.

Röschen. (am Fenster)

Wo mag er wohl bleiben?
Wo mag er verweilen?
Die Zeit sich vertreiben?
Sonst that er das nicht.

Doch hör'! ich nicht gehen!
Wer schleicht hier so spät noch?
Ich kann es nicht sehen;
Wer mag das wohl seyn?

Zwanzig,

Zwanzigster Auftritt.

Röschen. Karl. (eine Pistole in der Tasche.)

Karl. Nun, alles ist richtig, die Zeit kömmt herbey,
ich mache mich glücklich, Luise wird frey!
(pfeift auf einem kleinen Pfeifchen)

Rösch. Man pfeift! ich weiß nicht was das Pfeifen
bedeutet,
Ist's Ferdinand? Ich glaub' es sind andre Leute,
ich halte mich still; hier sieht man mich nicht.

Karl. (pfeift wieder.)

Ein und zwanzigster Auftritt.

Vorige. Ferdinand. (eine Pistole in der Tasche.)

Ferd. Ich höre schon zweymal ein Pfeifchen ertönen,
bei'm Himmel! ich fürchte, es gilt meiner
Schönen.

Wahrhaftig! ich seh' es, hier steht ein Galan.

Karl. Bst! bst!

Rösch. Bst! bst!

Ferd. Bst! bst!

Alle. { — — — Es sind unsrer Drey.
Die Lockung! die Losung! — es gibt Abentheuer!
die muß ich doch kennen, die muß ich be-
stehn.

Zwey und zwanzigster Auftritt.

Vorige. Luise. (in Karls Mantel und Hut.)

Luise. Er gab mir das Zeichen, ich darf nicht ver-
weilen;
Gefahren und Liebe! sie heißen mich eilen.
Mich leitet die Hoffnung, ich fliehe mit ihm.

Drey und zwanzigster Auftritt.

Vorige. Knicker.

Knicker. Herr Filz liegt im Schlafe, die Mündel im
Bette,
ich eile zu Röschen. Wahrhaftig! ich wette,
sie hat sich nun zu meinem Vortheil bedacht,
dann preis' ich die selige, glückliche Nacht.
Doch halt! — hier steht einer — dort, zwey —
dort, dreye —
O Himmel! wie klopfet mein Herz mir aufs
neue.
Gewiß sind das Diebe! O weh mir! mein Geld!
(will sich wieder ins Haus schleichen.)
Karl. (tritt ihm in den Weg) Halt! Wer da?
Ferd. (tritt Luisen in den Weg) Wer geht da?
Karl. Wohin?
Ferd. Wo hinaus?
Karl u. Ferd. (ziehen die Pistolen) Nicht weiter! ich
jage Dir,
die Kugel durch das Hirn!
Luise. Nun bin ich verloren!
Knick. O weh mir! mein Geld!

Karl

Karl
und
Ferd.
{ Hier nicht von der Stelle, es koftet Dein
Leben,
Du mußt Dich geduldig und willig ergeben,
ſonſt biſt Du verloren; ich drücke ſchon
ab.

zuſam-
men

Luiſe
und
Knick.
{ Ich geh' nicht vom Flecke! ſchenk mir
nur das Leben
ich will mich geduldig dem Schickſal
ergeben.
Nimm alles, nimm alles, nur drücke
nicht ab.

Rösch. u. Henr. (aus ihren Fenſtern.)

Was gibts hier zu lärmen? Was ſoll das be-
deuten?

Wer rufet um Hülfe? Wir kommen mit Leuten,
Wir kommen, ihr büßet den Frevel gewiß!

Luiſe. Nun bin ich verrathen!

Knick. O, ich armer Mann!

Luiſe u. Knick. Zu Hülfe!

Ferd. u. Karl. Geſchwiegen!

Knick. u. Luiſe. Zu Hülfe!

Ferd. u Karl. Sonſt ſchieß ich!

Luiſe u. Knick. Erbarmen!

Ferd. u. Karl. Geſchwiegen!

Knick. u. Luiſe. Zu Hülfe!

Ferd. u. Karl. Ich ſchieße!

Ferd.

Ferd. und Karl. zusammen:

Hier nicht von der Stelle) es kostet Dein Leben!
Du mußt Dich geduldig und willig ergeben,
sonst bist Du verloren; ich drücke schon ab.

Knick. und Luise.

Ich geh' nicht vom Flecke! schenk' mir nur das Leben,
ich will mich geduldig dem Schicksal ergeben.
Nimm alles, nimm alles, nur drücke nicht ab.

Vier und zwanzigster Auftritt.

Vorige. Henriette. (zieht Filzen bey dem Arme aus dem Hause, der einen Schlafrock anhat, seine Lenden umgürtet mit einem Hirschfänger, eine alte Pistole in der Hand, eine Schlafmütze auf dem Kopfe. Sie selbst hat einen Degen mit der Scheide unterm Arm, ist im Negligee und hat einen dreyeckigten Mannshut, offiziermäßig, aufgesetzt.)

Röschen. (mit einer Laterne. Ihr folgen mit Heugabeln und Dreschflegeln bewehrt zwey Knechte. Ein Nachtwächter stößt in's Horn, und kömmt mit einer Laterne, mit einem Stock und einem Spitzhund.)

Ihr Herren laßt euch sagen,
hört auf euch hier zu schlagen;
Weg mit Pistol und Degen,
sonst bringe ich mit Schlägen
euch insgesammt zur Ruh.

(ab.)

Rösch. (tritt vor, beleuchtet alle mit der Laterne, und sie erkennen sich.)

- Alle.

Alle. O weh! Wie geht das zu?

Rösch. (zu Filz) Aha! sieh da Herr Filz!
hat man Sie alarmirt?
Sie sind ja wunderschön
gerüstet und geziert.

(zu Knick.) Und Sie, mein Herr, ganz Leichenblaß?
Und klappernd wie ein dürres Laub?
Warum denn hier? — Nun? sind Sie taub? —
So reden Sie! Was ist denn das?

(zu Ferd.) Aha! und hier Herr Ferdinand!
ey! ey! mein Herr! wie ungalant!
Sie drohen dieser Dame hier,
und morden Ihre Schwester schier!

(zu Luisen) Ja, ja! sie ist's! fein eingehüllt,
verwahrt und wohl bedeckt.
Hier hat sie Wunsch und Herz versteckt,
die nur die Zeit enthüllt.

(zu Karl.) Wie grimmig blickt der junge Herr
mit großen Augen rund umher.
O! nicht so gräßlich, bitte ich,
ich bin ein Mädchen, fürchte mich.

(zu Henr.) Sieh da! das nenn' ich ausstaffiert!
Ey! wie das doch ein Mädchen ziert
der Hut, der Degen in der Hand —
Wie herrlich schön, ach! wie scharmant!

(nach einer Pause)

Sie hören nicht, sie sprechen nicht,
sie schämen sich wohl gar?
He! he! man wird wohl bey dem Licht,
so mancherley gewahr.

(zu Luisen und Ferdinanden)

>Doch nicht sogleich verzagt,
>wenn man vergebens wagt.

Alle.

>Wie eine Bombe Brand und Tod,
>und schreckliche Vernichtung droht,
>wenn durch die Luft sie rasselt
>und in der Stadt zerprasselt,
>Pum! welch ein Fall!
>Pum! welch ein Knall!
>So droht auch Angst und Schrecken hier
>bey diesem Abentheuer mir.
>Mein Herz schlägt laut und klopft gar sehr,
>die Angst macht mir das Athmen schwer,
>und heftig wallt mein Blut.

Zweyter

Zweyter Aufzug.

(Zimmer.)

Erster Auftritt.

Luise. Henriette. (sitzt an einem Seitentische und schlägt die Karte) (hernach) **Ein Bedienter.**

Luise.

O mein Unglück ist ohne Grenzen! —
alles war so schön erdacht!
und schon sah ich die Sonne mir glänzen,
aber, ach! welche finstre Nacht.
Bin ich denn nur zum Elend geboren?
Soll denn Karl nicht der Meinige seyn?
O! ich bin nun auf ewig verloren —
und es endet der Tod nur die Quaal!

Henr. Nichts als Eicheln! — da blinkt ein gutes Blättchen, und da — ja! das geht auch an. Sehen Sie Mademoiselle!

Luise. (wirft sich auf einen Stuhl) Was kann mir das alles helfen?

Henr. Es ist doch sonderbar! ich komme auf jeden Fall mit ins Spiel. Es kömmt mir beynahe

nahe so vor, als wenn ich jemanden anführen
würde. Das wär' nun freylich nicht unmöglich —
aber arg soll's doch nicht werden. Das Braut-
blatt geht nicht von mir weg, und ich, kann mich
doch gar nicht erinnern, daß mir jetzt ein männli-
ches Wesen die Kour machte. Es muß ein ganz
nagelneuer Liebhaber seyn. Denken Sie an mich,
ich werde noch zuletzt Ihre Frau Tante! Da liegt
der Ehrenmann. — Geld hat er genug. Aber
er ist auch alt genug. Nun, das thut nichts,
desto jünger bin ich. Vielleicht reicht er mir eben
deswegen seine Hand. Je nun, wenn mein Herz
sein Magnet ist, so ist der meinige sein Geld. —
Was will denn nun aber die grüne Neune da?
Wo soll denn die Reise hingehen? Hm! hm! zu
dem grünen Dause? — Das wäre zu ertragen! —
Wir müssen heute noch viel Spaß haben!

Ein Bedienter. (kömmt, bringt Henrietten einen
Brief und geht ab.)

Henr. Was ist das? Pour Demoiselle Henriette Waldau. — Ein Billet dour? Laß se-
hen? (erbricht den Brief und liest) „Theuerste Luise!"
— Wie? (sieht's Kouvert an) Hier Henriette! und
da Luise! — Aha! eine Kriegslist von Herr
Feldbergen.

Luise. (springt auf) Von Karln? — Her! —
(liest) „Es ist ein neuer Plan ausgedacht worden,
den Herrn Onkel hinters Licht zu führen" —

                              Henr.

Henr. Gott sey Dank!

Luise. (liest) „Ich und Ferdinand haben ihn ausstudiert, und ihr alle bekommt Rollen in der Farce. Besonders rechnen wir viel auf Henriettens Talente bey diesem Schauspiel."

Henr. Das ist vernünftig gesprochen! Glauben Sie mir, Mademoiselle, ich bin eine geborne Schauspielerin. O! Sie sollten mich einmal spielen sehen! das würde gehen! (applaudirt) Auf einem Privat-Theater war ich prima Donna, und spielte die Medea und die Nina in einem Abend mit erschrecklichem Beifall. Meine Liebhaber schlugen sich die Hände wund, und mußten nach Rosenhonig schicken, weil sie vom vielen Bravorufen heisch geworden waren. Meine Lieblingsrolle war der Page Cherubin in Figaro's Hochzeit. Ach! Sie glauben kaum, wie gern ich Beinkleiderrollen spiele, und mit welchem Affekt und Effekt ich den Pagen gespielt habe! — Aber auch in einer lustigen Szene sollen Sie mich bewundern. Cherubin bittet Susannen um Weiberkleider, nun hören Sie einmal, wie ich singend der Bitte Nachdruck zu geben wußte:

Gutes Mädchen! mein Begehren
schlag mir nicht so grausam ab,
alles will ich Dir gewähren,
was das Glück mir gab.
Und ich will Dich herzlich lieben,
nimmer, nimmer Dich betrüben,
Dir getreu seyn, bis ins Grab.

Luise.

Luise. Recht gut!

Henr. Nicht wahr? — das war eine zärtliche
Szene; ich will Ihnen aber auch Gelegenheit geben, mich in einer andern Sphäre zu bewundern:

Wie wird doch mein Argus sich ärgern und fluchen,
wenn er in dem Zimmer das Zeischen wird suchen,
das klüglich durchs offene Fenster entfloh!
Ich eile voll Freude zum fröhlichen Tanze,
ich suche mir Blumen der Liebe zum Kranze
und scherzend genieß ich mein Leben und froh.

(schlingt ihren Arm um Luisen und tanzt nach der Musik
mit ihr ab.)

Zweyter Auftritt.
Knicker.

Die Nachtszene! die Nachtszene! — Nichts
damit! solche Tableaus tragen nichts ein. Herr
Filz wird sich an dem Abentheuer mit seiner Braut
eben auch nicht sehr erbaut haben. In's Kloster
mit ihr, das ist der beste Rath. Sie ist ohnehin
ein zehrendes Kapital. Ja! wenn man sich in
der Welt das Essen abgewöhnen könnte, man
könnte viel ersparen! — Ferdinand? Vor den
kann ich noch ein Stück Geld bekommen, ich darf
ihn ja nur an einen guten Freund in Amsterdam
verhandeln, der wird ihn schon in Ostindien un-
terzubringen wissen. Handel und Wandel erhält

die

die Welt, und ein kluger Mann sieht ein, daß man ohne Geld, auch bey den ausgezeichnetesten Talenten, dennoch immer eine miserable Kreatur bleibt.

Was ist die Losung in der Welt?
Doch nicht Talent? Ach nein! das Geld.
Das bleibt auf dieser Erde,
in immergleichem Werthe.
Drum suche jeder kluge Mann,
daß er nur Geld bekommen kann.

Dritter Auftritt.

Knicker. Filz.

Filz. Guten Morgen, theuerster Seelenfreund!

Knick. Ey! guten Morgen. Nun, wie haben Sie zu schlafen beliebt?

Filz. Verliebt? ja! das bin ich, auf eine ganz mörderliche Art.

Knick. Der ist doch auch ganz erschrecklich taub! — Sie haben sich doch nicht auf das Nachtschrecken alterirt?

Filz. Ja, sie hat mich ganz scharmirt, das ist wahr!

Knick. Es ist erschrecklich! — Was den Ehekontrakt betrift, so liegt das Konzept desselben in meinem Kabinet.

Filz.

Filz. Eine Menuet? Nein! ich tanze nicht. — Allenfalls eine Polonoise, das ist noch so eine Lustbarkeit, die ich mir machen kann, aber eine Menuet kann ich nicht tanzen.

Knick. (schreiend) Sie sind erschrecklich taub!

Filz. Ich will mir gleich helfen. (zieht einen Trichter (*tubum acusticum*) heraus und setzt ihn an's Ohr.)

Duett.

Knick. Wer redet denn von Tanzen und von einer
Menuet?
Ich sprach ja vom Kontrakt, und der liegt
schon im Kabinet.

Filz. (mit dem Trichter) Sie sprechen alles so verwor‐
ren, daß man nichts versteht,
Ja, frey muß ich es sagen, wie's um Ihre
Sprache steht.

Knick. Dann fragt' ich: ob Sie gestern sich nicht
hätten alterirt?
Sie gaben mir zur Antwort: sie hat mich gar
sehr scharmirt.

Filz. Ich habe meinen Trichter nun, und will Sie
schon verstehn,
und reden Sie nur deutlicher, so wird es bes‐
ser gehn.

Knick. Wir wollen nun von meiner Nichte auch ein
Wörtchen sprechen,
ich hoffe, daß Sie Ihr gegebenes Wort nicht
werden brechen.

Filz. (dessen Trichter bey der letzten Zeile auf die Erde fällt.)
Die Nichte will mich sprechen?
(hebt den Trichter auf.)

Knick.

Knick. O! legen Sie den Trichter an, sonst schrei'
ich mich zu Tode

Filz. (legt den Trichter an's Ohr)
Nun, was hat die Nichte denn gethan?

Knick. Nichts!

Filz. Nichts?

Knick. Ich fragte: ob Sie das gegebene Wort nicht
werden brechen?

Filz. Ich wüßte nicht warum ich mein gegebenes
Wort follt' brechen? —
Nun dann wird sie mich nehmen?

Knick. O ja! sie wird Sie nehmen.

Alle. Der Trichter ist doch Goldes werth,
er macht, daß man sich leichter hört,
und daß man besser sich versteht.
Wie das nun alles herrlich geht!

(ab.)

Vierter Auftritt.

(Der vorige freye Platz.)

Ferdinand. (ein Packet unter'm Arm) **Röschen.** (kömmt aus ihrem Hause.)

Rösch. Ferdinand! — Wohin so eilig?

Ferd. Wenn Du mich liebst, liebes Röschen,
so halte mich nicht auf. Es gehen wichtige Dinge vor —

Rösch. Wie?

Ferd. Henriette soll Dir alles erklären, ich
kann Dirs unmöglich selbst sagen.　(ab.)

D　　　　　Fünfter

Fünfter Auftritt.

Röschen.

„Ich kann Dir's unmöglich selbst sagen!" —
So geheimnißvoll! und gegen mich? — Liebe
ich ihn nicht? Wer kann mehr Theil an allem
nehmen, was ihm begegnet, als ich? Und er will
mir es verschweigen? — Nein! er liebt mich
nicht! er täuscht mich, er will mich hintergehen,
er will mein Unglück. O Ferdinand! Ferdinand!
Das hat meine innige Liebe für Dich nicht verdient!

Recitativ.

O! wie trüben sich meine Sinne!
Ferdinand! Du mir ungetreu?
O weh mir! gleich einem Schiffe ohne Segel
ohne Ruder! schwimm' ich
auf den schäumenden Meereswogen.
Die Blitze leuchten um mich her!
Welch eine schaudervolle Tiefe verschlingt mich!
Aber, seh' ich recht? Ein Schimmer von Hoff-
nung strahlet.
O! süße Hoffnung! leite meine Schritte
und bleibe meine Gefährtin!

Arie.

Hoffnung, Labsal meiner Seele,
Die vor allen ich erwähle,
zur Gefährtin in dem Leiden;
tröste mich in aller Noth.

Sollte

Sollte Ferdinand mich fliehen,
sich nicht mehr um mich bemühen,
mich vielleicht auf ewig meiden,
o!. so wünsch' ich mir den Tod.

Doch ich seh' den Schimmer glänzen,
der um mich sich her ergießt,
und der Trost ist ohne Grenzen,
der von dir, o Hoffnung! fließt.
(ab.)

Sechster Auftritt.
(Das vorige Zimmer.)
Knicker.

Dem Himmel sey Dank! mit Herr Filzen wär'
ich nun in Richtigkeit. Ein raisonabler Mann!
Ohne Aussteuer nimmt er Luisen; diese uneigen-
nützige Großmuth ist um so viel mehr werth, je
mehr heutiges Tages der Eigennutz bey den Heirathen einreißt. Es ist ordentlich, als könnte
in unsern Zeiten der Ehestand ohne einen golde-
nen Grund und Boden nicht mehr gedeihen.
Daran ist nichts schuld, als der leidige Geiz.
Es ist doch ein erschreckliches Laster.

Siebenter Auftritt.
Knicker. Henriette.

Henr. Herr Kommerzienrath! ein fremder
Herr will Sie sprechen.
D 2
Knick.

Knick. Was will er?

Henr. Das hat er nicht gesagt.

Knick. Es wird ein Vagabund seyn, der mich um ein Viatikum bringen will. Weis' ihn ab.

Henr. Es scheint nicht so, als wenn er Ihr Viatikum brauchte. Er ist prächtig angezogen, und hat zwey Mohren bey sich. —

Knick. Mohren?

Henr. Er hat einen langen Bart —

Knick. Es wird ein polnischer Jude seyn.

Henr. Mir sieht er aus wie ein Türke.

Knick. Er mag kommen! — Aber, höre Henriette, daß wir nicht eins in das andere reden, was ich sagen wollte! — ja! — heute Mittag will ich traktiren, wegen dem Eheversprechen zwischen Luisen und dem Herrn Kauf- und Handelsmann Filz.

Henr. Da wirds hoch hergehen! Wie viel Gerichte?

Knick. Viererley. Wozu soll der Ueberfluß? Der Mensch kann es dahin bringen, wenn er weiß was Philosophie ist, daß er mit Eicheln vorlieb nimmt.

Henr. So ist die Philosophie keine Wissenschaft für mich.

Knick. Sieben Personen mit den Zeugen werden hier speisen; aber du brauchst nur auf fünfe
zu

zu rechnen. Wo fünfe essen, können immer sieben sich sättigen, wenn sie nicht den Heißhunger
haben; und ich esse ja gar sehr wenig. — Jakob
soll bey Tafel aufwarten. Aber er soll nicht so
in den Tag hinein einschenken, als läg' das Hei-
delberger Faß in meinem Keller. Der Trunk ist
eine abscheuliche Sache, und ein Betrunkener ist
ein böses Bild. Man soll mir nicht nachsagen,
daß ich solche Erzesse begünstigte. Der Mensch
ist zum Wassertrinken geboren, und der Wein
ist nur für die Kranken da. Laß drey Bouteillen auftragen, und damit Punktum. — Weißt
du was, Henriette, nimm zwey Bouteillen Wein
und vermische sie mit Wasser, daß die dritte her-
auskömmt. Verstehst du mich?

Henr. Aber wenn's die Gäste schmecken?

Knick. Laß sie's schmecken! Desto besser! so
trinken sie desto weniger. Vielleicht können wir
gar noch eine Bouteille ersparen.

Henr. Wie wär's denn, wenn wir die Bouteille rothen Champagner —

Knick. Ich dachte gar! — Die soll stehen
bleiben bis zu meiner Verlobung oder Hochzeit.

Henr. So? — Und die ist wohl bald?

Knick. (seufzend) Ja! ich habe mich endlich
entschlossen, meinem Junggesellenstand Valet zu
geben.

Henr. Und Ihre Braut?

Knick.

Knick. Die wirst du bald kennen lernen.

Henr. Wirklich? Aber wissen Sie wohl, daß ich Ihnen Einspruch thun werde?

Knick. Mir?

Henr. Soll ich Ihnen Ihre Verbindlichkeiten wieder in's Gedächtniß zurückrufen? — Als meine Großmutter starb und ich 365 Rthlr. in Golde erbte, und Sie mir das Geld zu 2 pro Cent abschwatzten; als Sie mir darauf einmal so übel begegneten, und ich mein Kapital zurückforderte und meinen Lohn seit 6 Jahren an Ihnen zu fordern hatte; und als Sie mich nicht wollten abziehen lassen; als Sie mir die besten, süßesten Worte gaben, in Ihrem Hause zu bleiben; als ich mich bereden ließ; als mich darauf der Landkommissär heirathen wollte, und ich ihm das Jawort gegeben hatte, — was gaben Sie mir denn da, damit ich den Landkommissär abweisen und mein Geld nicht von Ihnen fordern sollte? was gaben Sie mir damals? — — „Liebes Jettchen", sagten Sie, „ich will deine treuen Dienste belohnen, unser Geld soll sich nicht von einander scheiden, und wir selbst wollen ein Band knüpfen, das uns unzertrennlich an einander binden soll."

Knick. Ach! was da! — Die Zeiten sind vorbey!

Henr.

Henr. Aber vergessen habe ich nichts. — Sie haben mir damals ein Eheversprechen gegeben; — und darüber sprechen wir gelegentlich noch mit einander.

(ab.)

Knick. Es ist mir nichts daran gelegen! — Das ist wahr! die Weiber haben in solchen Fällen eiserne Memorien. — Ich weiß wohl, ich habe damals einen dummen Streich gemacht; aber da wär' ich ein Narr, wenn ich mir die Mühe nähm', ihn wieder gut zu machen. Das muß ein Mann von Genie nie thun.

Achter Auftritt.

Knicker. Ferdinand. (in prächtiger armenischer Kleidung.) **Zwey Mohren.**

Ferd. (mit türkischen Verbeugungen.)

Sala ma mi lecka
Ma ka kara becca
Ma li ma ti kala
Pa Hubabala!

Knick. Gehorsamster Diener! — Mein lieber Herr, ich bin von Geburt ein Deutscher, und kann unmöglich das Vergnügen haben, Sie zu verstehen, wenn Sie nicht in meiner Muttersprache mit mir reden können.

Ferd. Seyn ohne Sorgen, Hubabala auch so sprechen kann, wie Du.

D 4 [Knick.

Knick. Das ist mir lieb. — Welchem Bewegungsgrunde habe ich Ihren Besuch zuzuschreiben, mein theuerster Herr Hubabala?

Ferd. Du seyn ein glücklich Mann, und ich seyn ein Philosoph, der da war ein Schüler des großen Acharazza, der da wohnte in den Pyramiden zu Memphis.

Knick. Da mag er gut logirt gewesen seyn. — Womit kann ich dienen?

Ferd. Mir kann dienen kein Mensch. — Ich wollen Dir dienen.

Knick. Wird mir eine große Ehre und viel Vergnügen seyn. Aber worinne?

Ferd. Dein Haus seyn gewesen vor 20,000 Jahren ein groß Palast.

Knick. So? — Nun, und — ?

Ferd. Vor 16,000 Jahren seyn gekommen der groß Erdbeben, der haben zerstört den Palast, sonst stünden er noch da.

Knick. Das ist glaublich!

Ferd. Da haben gewohnt in dem Palast die Königin Mizvilla, und Deine Keller seyn gewesen die Schatzkammer; da lagen wohlverwahrt um 40 Millionen Edelgestein und Gold und Perlen, und diese — liegen noch da.

Knick. In meinem Keller?

Ferd. In Deine Keller!

Knick.

Knick. Ja! wer das Geld und den Schatz hätte!

Ferd. Sollst ihn haben. Du Dich nicht fürchten müssen, daß Geister werden erscheinen —

Knick. Geister? Das ist doch eine üble Affaire. Aber freylich, 40 Millionen, der Gedanke schlägt die Furcht schon ein wenig nieder.

Ferd. Ich zitiren will die Geister, sollen Dir nicht schaden.

Knick. Muß ich denn ganz allein mit Ihnen gehen?

Ferd. Kannst mit Dir nehmen einen Freund.

Knick. Je nun, so mag's wohl angehen!

Ferd. Ich Dich erwarten in einer Viertelstunde im Keller. Gib die Schlüssel.

Knick. Aber hören Sie, es liegt ein Fäßchen Werthheimer im Keller, und eine Bouteille Champagner —

Ferd. Trinken nicht Wein. Seyn ein Mahomedaner.

Knick. Man weiß manchmal nicht, wie's geht!

Ferd. Wollen seyn nicht glücklich, ich Dich verlassen.

Knick. Ach nein! ich bitte. — Es fuhr mir nur so heraus. — (gibt ihm die Schlüsseln) Ich will — ich habe gar kein Mißtrauen — ich komme ganz gewiß. —

Ferd.

Ferd. Dich erwarten Hubabala. — (mit einer türkischen Verbeugung) Salamilek! (ab.)

Knick. (ihm nachahmend) Salamilek! gleichfalls.

Neunter Auftritt.

Knicker.

Ein kuriofer Handel! — Ich habe immer gehört, man soll den Geistern nicht zu viel trauen; aber — 40 Millionen! — Ich wage es! — Eigentlich müßte ich's lügen, wenn ich spräch', das Herz klopfte mir nicht; aber der Gedanke an 40 Millionen ist mächtiger als alles Herzklopfen. Er ist ein Magnet, der mich in den Keller zieht, eine Kraft, der mein Herz sympathetisch zueilt. — Wenn ich so daran denke, welche selige Stunden ich nunmehr an dem vollen Kasten genießen werde, so — ja, so müssen sogar die Empfindungen der Liebe aus meinem Herzen weichen. Es ist aber auch besser, man hält sich an Realitäten, denn die Prozente des Kapitals der Liebe sind mehrentheils sehr sentimentalisch. — Nun will ich doch aber sehen, daß ich — aha! wie gerufen!

Zehnter

Zehnter Auftritt.

Knicker. Filz.

Knick. Ist's Ihnen nicht gefällig, mit mir zu gehen?

Filz. O ja! ich stehe recht gern.

Knick. Wo haben Sie Ihren Trichter?

Filz. Ein Dichter? Gott bewahre! bringen Sie mich nicht in üblen Ruf, ich kann keine Verse machen. — Man könnte mich der Zauberey wegen anklagen. —

Knick. Ach ich dachte gar! — Legen Sie doch den Trichter an's Ohr.

Filz. Was wär' ich? Ein Mohr? Herr Kommerzienrath! kommen Sie mir nicht so spitzig.

Knick. (schreiend) Legen Sie Ihren Trichter an's Ohr!

Filz. Nun! nun! schreien Sie doch, als wär' ich taub. — Ja! ja! (legt den Trichter an) Was beliebt Ew. Edlen?

Knick. Wir wollen in den Keller gehen, und wollen Wein probiren.

Filz. Herzlich gern! — Ich bin ein Mann, der sein Gläschen mittrinkt. Ach! ich habe schon mancher Bouteille den Hals gebrochen. Ich bin ein wahrer Weinfreund.

Knick.

Knick. Ich auch. Bey mir ist er recht gut aufgehoben.

Filz. (auf den Bauch zeigend) Bey mir auch.

Knick. Nun, ist's gefällig?

Filz. Ew. Edlen belieben. — Apropos!

Knick. O! stehe mir bey, Geduld!

Filz. Schuld? Ich? — Ich bin an nichts schuld.

Knick. Mein Gott! wie könnte ich nur so taub seyn.

Filz. Wein? Nun ja doch! warten Sie nur! Ich muß erst erinnern, daß Sie im Kontrakt auch einen Punkt abgeändert haben. Da heißt es zum Beyspiel (liest aus dem Kontrakt mit der Brille) „Drittens, macht Herr Tobias Filz sich anheischig und verbindlich, seine Jungfer Braut, ohne Mitgift, und so wie sie geht und steht, zu nehmen." — Das ist aber meine Meinung nicht. Hausgeräthe und Kleider muß sie doch haben?

Knick. (schreiend) Hausgeräthe hat sie nicht, und Kleider braucht sie nicht.

Filz. (mit dem Trichter am Ohr) Nicht? Sie braucht keine Kleider? Ohne Kleider soll sie zu mir kommen?

Knicker. (schreiend) Geben Sie ihr die Kleider von Ihrer seligen Frau!

Filz.

Filz. Die kann sie nicht brauchen. Sie wissen ja, daß meine selige Sabine eine sehr große und starke Frau war. Sie hatte 5 Schuhe, 11 Zoll und 2 Striche Militairmaaß, und wog netto 279 Pfund. Sie war eine wahre Amazone, nur daß, Gott habe sie selig! sie ihr verstorbenes Kind selbst stillte. Ihre Kleider sind Luischen viel zu groß.

Knick. (schreiend) Lassen Sie die Kleider ein-schlagen.

Filz. Sie sind außer der Mode.

Knick. (schreiend) Die alten Moden kommen jetzt alle wieder auf. Die Kleider mit Blumen und Früchten, mit Affen und Papageyen, mit Springbrunnen und Bäumen, mit Schnirkeln und Kanten werden jetzt als Modestaat getragen.

Filz. Ach! ich dachte gar!

Knick. (schreiend) Ganz gewiß!

Filz. Nein! meine Frau muß nach der ge-schmackvollsten Mode gehen. Das Affenwerk kann ich nicht leiden.

Knick. (schreiend) Machen Sie ihr nicht so et-was weiß, sonst kommen Sie auf keinen grünen Zweig.

Filz. Ich mag auch nicht auf einen Zweig, ich bin kein Vogel, ich bleibe auf der Erde, wo ein Mensch hingehört. — Es bleibt dabey, meine Braut muß ihre Kleider mitbringen.

Knick.

Knick. Ist das ein Geizhals! Das hätt' ich nicht in Ihnen gesucht.

Filz. Wer hat Sie verflucht?

Knick. Nun höre nur einmal ein Mensch an!

Filz. Was? Ich hätte es gethan? — So laß' ich mir nicht kommen!

Knick. Ihren Trichter legen Sie an, und kommen Sie mit mir in den Keller. Bey einem Glase Wein wollen wir alles ins Reine bringen.

Filz. Nun gut! ich will mich also verpatientiren.

Knick. Kommen Sie!

(gehen ab.)

Eilfter Auftritt.
(Ein finsterer Keller.)

Ferdinand. (in seiner armenischen Kleidung.) **Die Mohren.** (mit bloßen Säbeln. Einer hat ein Dintenfaß, der andere eine lange schwarze Feder) **Luise. Röschen. Henriette. Karl.** (als Geister, mit weißen Larven, gekleidet.)

(Mitten in der Bühne ist eine Oeffnung zum Auf= und Absteigen.)

Ferd. Alles ist also in Ordnung?

Karl. Alles —

Ferd. Und der Revers?

Karl. Hier ist er.

Ferd.

Ferd. (nimmt das Papier) Nun mag er kommen. Ich bitte euch, spielt eure Rollen gut. Es gibt einen Hauptspaß.

Sextett.

Alles.
Ha! ha! ha! welch ein Vergnügen, den Alten zu betrügen!
O kennt' er nur die Geister, und ihren großen Meister, er hoffte nicht auf Geld, das er auch nie erhält.

Ferd.
Jetzt, Freunde, ist es Zeit, in dieses Loch zu steigen, nur haltet euch bereit, euch alsobald zu zeigen, sobald ich euch zitire, ihr kommt dann alle viere, ganz feierlich heran und fangt das Schauspiel an.

Alles.
Ha! ha! welch ein Vergnügen den Alten zu betrügen! Er hofft auf Schmuck und Geld, das er doch nie erhält.

(Sie steigen hinab und Ferdinand geht umher.)

Zwölf=

Zwölfter Auftritt.

Ferdinand. Knicker und Filz. (beyde
mit Laternen.) Die Mohren.

Knick.
und
Filz.
{ Wir wollen uns placiren,
und hier den Wein probiren:
denn heute muß auch Wein
auf unsrer Tafel seyn.

Filz. Wer ist der sonderbare Mann,
den ich dort sehe gehen?

Knick. Freund legen Sie den Trichter an,
damit Sie mich verstehen.

Filz. (legt den Trichter an.)

Knick. Der Mann dort ist ein großer Mann,
er nimmt sich meiner redlich an,
ein Schatz ist hier vergraben,
den soll ich heut noch haben.

Filz. Und die dort unbeweglich stehn,
und ihre Augen so verdreh'n?

Knick. Das sind wohl — ja! so wird es seyn,
zwey Mohren, jetzo fällt mir's ein.

Filz. Ein böser Geist führt mich hieher,
für die Gesellschaft dank' ich sehr,

Knick. Nein, lieber Freund, Sie bleiben hier,
erwarten auch ein Glück mit mir.
Sie kriegen Ihren Theil davon:
von einer jeden Million,
will ich zwey Groschen geben,
wenn wir den Schatz nur heben.

Filz.

Filz. Zwey Groschen von der Million —
Nein! das ist gar nicht viel,
viel lieber will ich nichts davon.

Ferd. (mit starker Stimme) Herr Nicker!

Knick. (zu Filz) Seyn Sie still!

Ferd. Herr Nicker sich da stellen her,
dort bleiben stehn der ander Herr,
und sich vom Fleck nicht rühren,
wenn ich die Geist citiren.
Wenn nicht thun, was ich wollen,
Sie es beklagen sollen.
Nun merken nur recht auf,
die Geister wachen auf.

Knick. und Filz. { Ach meine Glieder zittern,
ein bebendes Erschüttern
dringt mir durch Mark und Bein,
des Todes kann ich seyn!

Ferd. (macht Kreise mit dem Stabe in der Luft und auf der Erde.)
Potschiri, potschuri, potscha!
erschein die Geist von Orient!

Henr. (steigt auf und stellt sich rechter Hand.)

Ferd. Tschipiri, tschipuri, tschipa!
erschein die Geist von Occident!

Rösch. (steigt auf, und stellt sich links, Henrietten gegenüber.)

Ferd. Potschiri, potschuri, potscha!
Geist Meridies steigen auf!

Luise. (steigt auf und stellt sich neben Henrietten.)

Ferd. Tschipiri, tschipuri, tschipa!
Geist Septentrion komm herauf!

Karl. (steigt auf und stellt sich neben Röschen.)

E   Henr.

Henr. ⌠ Was ist denn nun wohl Dein Begehren,
Luise. ⎮ o mächtiger Hubabala?
Rösch. ⎮ Wir wollen Dir alles gewähren,
und   ⎮ und sind jetzt zu dienen Dir da.
Karl. ⎮ Laß uns Deinen Willen vernehmen,
       ⌡ und sag' uns, was Du wohl verlangst?

Filz u. Knick. Ich sterbe vor Schrecken und Angst!

Ferd. Ich, Geister, euch müssen gebieten,
verweilen in Ruh hier und Frieden,
und bringen hieher auf die Platz,
den langen vergrabenen Schatz.

Karl. ⌠ O mächtiger Hubabala,
Rösch. ⎮ wir sind Dir treu zu dienen da,
Luise. ⎮ Dir willig das all' zu gewähren,
Henr. ⌡ was Du von uns immer verlangst.

Filz u. Knick. Ich sterbe vor Schrecken und Angst!

Ferd. So recht! nun erfüllt mein Begehr
und bringen den Schatz mir hieher.

Karl. Rösch. ⌠ La, lila, lila, lila, li!
Luise. Henr. ⌡ Li, lali, lali, lali, la!

(Eine schreckliche Flamme fährt aus der Oeffnung unter unterirrdischem Donner, und es erhebt sich
langsam eine kupferne Vase mit zwen Handhaben,
die stehen bleibt.)

(Die vermeinten Geister umtanzen die Vase nach der
Musik im Kreise.)

Knick. O Himmel! der Schatz ist schon da,
O göttlicher Hubabala!
Wie sehr bin ich Ihnen verbunden!
der Schatz ist jetzt gefunden,
ich werde ein glücklicher Mann,
der nimmer belohnen Sie kann.

(winkt Filzen. Beide wollen die Vase angreifen, es don-
nert und eine starke Flamme fährt auf.)

                                        Knick.

Knick. Was ist das? Was soll denn das seyn?
  Gehört denn die Vase nicht mein?

Ferd. O nein! noch gehören nicht Dein,
  Du sollen jetzo erst quittiren,
  ich müssen mich legitimiren,
  mein Meister sonst nicht glauben wollen,
  daß Du den Schatz hast haben sollen.

Knick. Sie sollen sich legitimiren,
  im Zimmer will ich quittiren.
  Herr Filz, auf! — hurtig hieher,
  die Vase ist allein mir zu schwer.

(Sie nahen sich der Vase. Donner und Flamme, wie oben.)

Ferd. O lassen! ich haben schon sagen,
  Du eher die Schatz nicht forttragen,
  bis Du nicht den Blatt unterschreiben,
  drum lassen den Vorwitz nur bleiben.
  Der Quittung seyn schon konzipiren,
  Du nur Deine Nam subscribiren,
  der Schreibzeug parat schon hier seyn,
  Du schreiben und sagen nicht nein.

(Gibt ihm den Revers. Die Mohren kommen mit Feder und Dinte. Knicker sucht seine Brille, den Revers zu lesen.)

Ferd. Ach nicht doch! Du dürfen nicht lesen,
  Du müssen Dich nur unterschreiben;
  Du seyn irrdisches, gebrechliches Wesen,
  Du müssen gehorsam nur seyn.

Knick. Ich sollte die Schrift nicht erst lesen,
  und sollte sie doch unterschreiben?
  Hubabala das lass' ich bleiben!
  es könnte ein Wechsel wohl seyn.

(Ferdinand will ihn den Revers wieder nehmen, Knicker will ihn nicht hergeben, bei dem Streite verliert Ferdinand Turban und Bart.)

(Auf dem Theater wird es heller.)

Ferd. ⎫ O Himmel! wie wird es uns gehen!
Karl. ⎪ wird uns erst der Alte noch sehen!
Luise. ⎬ Verrathen ist nun unser Plan,
Rösch. ⎪ was fangen wir ietzo noch an!
Henr. ⎭

Knick. Ey sieh doch! mein Neffe ist Hubabala?
 Nun wollen wir sehen, wer diese sind da.

(Zieht einem um den andern die Larve ab.)

(zu Karln) Ihr Diener, mein Herr! wir sprechen uns
 hier?

(zu Rösch.) Ah! Röschen! ey sieh doch! willkommen
 bey mir!

(zu Luisen,) Luischen! Ich danke gar schön Deiner
 Müh.

(zu Henr.) Und Jettchen? Auch Du bist von dieser
 Partie?

Filz. Da stehn sie wie Säulen, und können nichts
 sagen.

 Sie werden wohl zweymal das Spätzchen
 nicht wagen.

 Was habt ihr, ihr Leutchen, was habt ihr
 davon?

 Wer soll euch bezahlen die Mühe, den
 Lohn?

Ferd. Rösch. ⎫ Verrathen ist nun unser herrlicher
Luise. Henr. ⎬ Plan!
Karl. ⎪ Wie wird es uns gehen! was fan-
 ⎭ gen wir an?

Knick. Ich will euch bezahlen! erwartet den Lohn,
 ihr sollt ihn bekommen! jetzt packt euch davon!

 Ferd.

Ferd. Rösch. ⎱
Luise. Henr. ⎰ Wir gehen, Herr Knicker, wir ge-
Karl. ⎱ hen davon,

erwarten von Ihnen den herrlich-
sten Lohn. (ab.)

Filz. Was soll ich hier machen? Was soll denn
das seyn?

Hier gibt's, wie ich merke, wohl nimmer-
mehr Wein.

(will gehen.)

Knick. So! warten Sie doch noch, wir gehen zusammen,

Es setzet der Wein nur das Blut uns in
Flammen.

Doch sachte! — da sich die köstliche Vase,
die Ursach von meiner superben Ekstase.

Da kommen Sie hieher und fassen Sie an,
vielleicht hat der Zufall noch alles gethan.

(Sie lazziren, aus Furcht die Vase anzugreifen; endlich
entschließen sie sich und heben sie herauf.)

Filz. Halb part, Herr Gevatter!

Knick. Das geh' ich nicht ein!
es bleibt bei'm Akkord.

Filz. Nun! so mag es denn seyn.

(Sie ziehen alte Lumpen heraus.)

Beide. ⎱ Zum Henker! was sind das für herrliche
Sachen,

die können nicht glücklich den Bettel-
mann machen.

(Sie packen die Sachen wieder hinein.)

Die Vase von Kupfer, ist doch uns be-
schert,

wer Wenig nicht achtet, ist Viel auch
nicht werth.

(Sie tragen die Vase fort.)

E 3 Drey-

Dreyzehnter Auftritt.

Vorige. Ferdinand. Luise. Karl. Röschen. Henriette. (haben ihre Masskenkleider abgeworfen, und treten beiden in den Weg.)

Ferd. Herr Onkel! da Spaß nichts über Ihre Selbstverläugnung erhalten kann, so mag es Ernst thun. Ich erkläre Ihnen hiermit feierlich, daß ich nicht gesonnen bin, mich länger von Ihnen so wie gewöhnlich behandeln zu lassen. In einigen Wochen bin ich majorenn, und werde meine Rechte zu vertheidigen wissen. — Uebrigens steht es bey Ihnen, ob wir die Schatzgräbergeschichte bey der Obrigkeit anzeigen sollen, oder nicht. Wollen Sie Prozeß?

Karl. Sie kennen meinen Bruder, den Advokaten —

Knick. Leider! habe ich die Ehre.

Henr. Wollen Sie es darauf ankommen lassen, die Gültigkeit eines gewissen Versprechens vom Fastnachtabend von der Obrigkeit zu vernehmen?

Knick. Alles! alles! nur keinen Prozeß.

Filz. Wenn ich nur wüßte, wovon sie sprächen?

Ferd. Konsentiren Sie in meine Heirath mit Röschen?

Knick. Macht was ihr wollt!

Ferd. Und meine Schwester? —

Knick. Sie mag meinetwegen heirathen wen sie will.

Ferd. Also — sind wir einig.

Henr.

Henr. Und ich?

Knick. Du sollst meine Frau werden. Meinen Mündeln zum Possen will ich Dich heirathen, damit sie nach meinem Tode keinen Heller erben können. Da hast Du meine Hand.

Henr. (schlägt ein) Treu bis in den Tod!

Ferd. Ich gratulire!

Henr. Ich auch. — Sehen Sie, lieber Herr Kommerzienrath, Sie bestätigen das Sprichwort: Was seyn soll, schickt sich wohl. Uebrigens bitte ich, haben Sie Respekt für meinem Orakel der weissagenden Karte; ihre freundlichen Dienste offerirt Ihnen eine divinatorische Kartenschlägerin. (zu Filz schreiend) Sie haben Ihre Braut verloren.

Filz. So? — Wenn ich das gewußt hätte, so wär' ich zu Hause geblieben.

Knick. (schreiend) Es geht nicht anders! Was seyn soll, schickt sich wohl.

Vaudeville.

Alle.
Liebe dient dem Glück zum Spiele;
heiter stehen wir am Ziele,
danken dieser Wundernacht,
die uns froh und glücklich macht.
Ja, was seyn soll, muß geschehen,
nichts kann dem Geschick entgehen,
und nichts ändert seinen Schluß,
das beweist Hieronimus.

Knicker und Henriette.
Zärtlich, treu und voll Vertrauen,
wollen wir durch Blumenauen

zu der Liebe Rosenhöh'n
Arm in Arm umschlungen gehn.
Ja, was seyn soll re.

Alle.

Ja, was seyn soll re.

Karl und Luise.

Laß uns ewig treu ergeben
liebend für einander leben,
dieses Liebchen
       Liebster   ) schwör' ich Dir,
dieses Liebster
       Liebchen) schwörst Du mir,
Ja, was seyn soll re.

Alle.

Ja, was seyn soll re.

Ferdinand und Röschen.

Kann es treu vereinten Seelen
je an Glück und Wonne fehlen?
Dies verneinen Herz und Mund,
krönt die Liebe unsern Bund.
Ja, was seyn soll re.

Alle.

Ja, was seyn soll re.

Filz.

Wie ich merke, ist von allen
mir allein das Loos gefallen:
Lebe ganz allein für dich
und das Späßchen ärgert mich.
Doch, was seyn soll re.

Alle.

Ja, was seyn soll re.

www.ingramcontent.com/pod-product-compliance
Lightning Source LLC
Chambersburg PA
CBHW021533270326
41930CB00008B/1221